AF260310

A PROPOS D'ÉLECTIONS

RÉFLEXIONS

DE

JEAN DIABLE

(ô Peuple, Souviens-toi)

Prix : 60 centimes

EN VENTE

CHEZ TOUS LES LIBRAIRES
ET CHEZ L'AUTEUR

—

1874

AVERTISSEMENT DE L'AUTEUR.

Par suite d'un jugement du Tribunal correctionnel d'Evreux du 28 Mars 1874, qui m'a condamné à 4 mois de prison et 4,000 francs d'amende et dommages intérêts, jugement mis à exécution dès le 10 avril suivant, par la voie de la force publique, malgré ma déclaration d'appel dont on n'a pas tenu compte, et pour une pièce intitulée : *L'Usine à gaz de Coquille en Mouche.* Comédie proverbe en un acte avec changements à vue et déposée conformément à la loi, comédie dans laquelle je n'attaquais ni le Gouvernement, ni la morale, ni la religion, bien au contraire.

En tête de tous mes ouvrages sera désormais la déclaration suivante :

Je soussigné Moulin, Paul Anatole, homme de lettres, (n'en déplaise à l'huissier Charlat, qui me qualifie de : sans profession), né à Conches, Eure, le 30 Avril 1841, demeurant un peu partout, selon les circonstances bonnes ou mauvaises, prévues ou imprévues tant j'ai de peine parfois à savoir où reposer ma tête en sécurité, mais actuellement en résidence à la Bonneville, Eure, résidence dûment notifiée à qui de droit.

Déclare à tous ceux qu'il appartiendra et qui ces présentes liront :

1º Que je suis bien le seul et unique auteur de tous les écrits parus et paraissant sous le Pseudonyme et la Signature de Jean Diable, n'en déplaise aux plagiaires et autres bipèdes de la même espèce.

2º Et que je n'ai pas besoin de collaborateurs ni de souffleurs, sachant remplir sans l'aide de qui que ce soit, les délicates et périlleuses fonctions du *Deux ex Machinâ.*

En conséquence je fais la présente déclaration afin qu'à l'avenir il n'y ait aucune erreur possible et que dorénavant on ne me confonde point avec le propriétaire de la maison du coin, ou avec toutes autres personnes généralement quelconques, pour me servir de l'une des expressions élégantes et harmonieuses des intelligents et si aimables griffonneurs, noircisseurs, barbouilleurs de papier timbré dont Dieu me garde dès maintenant et à toujours !

Qu'on se le jase.

Pour avis :

Signé : Paul Moulin.

Contresigné : Jean Diable.

1er *Septembre* 1874·

Pour tenir lieu de préface !

I°

D'ailleurs pensons ! nos jours sont des jours d'amertume,
Mais quand nous étendons les bras dans cette brume
    Nous sentons une main !
Quand nous marchons courbés dans l'ombre du martyre
Nous entendons quelqu'un derrière nous nous dire,
    " C'est ici le chemin ! "

Victor Hugo
(Les Châtiments !)

2°

Quand jeune encor, j'errais sans renommée,
D'anciens châteaux s'offraient-ils à mes yeux,
Point n'invoquais à la porte fermée
Pour m'introduire un nain mystérieux !
Je me disais : « Tendresse et Poésie
« Ont fui ces murs chers aux vieux troubadours !
« Fondons ailleurs mon droit de bourgeoisie,
« Je suis du peuple, ainsi que mes amours. »

(Béranger)

3°

Pessimum amicorum genus : Laudantes !
La pire espèce des amis.... Les flatteurs !

(Tacite.)

A PROPOS D'ÉLECTIONS

RÉFLEXIONS

DE

JEAN DIABLE

(ó Peuple, souviens-toi!)

— Allons, mon pauvre Jean Diable, un peu de courage ! De nouveau, il te faut ceindre les reins et porter haut le cœur ! Hésiterais-tu à combattre le bon combat...?

Il est vrai qu'après les quatre mois de prison et les quatre mille francs de dommages-intérêts et d'amende dont, en mars dernier te gratifia le Tribunal correctionnel d'Evreux pour une simple, bien simple comédie, et dans laquelle après tout, renfermé dans le droit strict de tout écrivain, tu n'attaquais ni le gouvernement, ni la morale, ni la religion, ce qui d'ailleurs n'est pas dans tes habitudes, il te soit permis de te tâter un peu l'épiderme, cela se comprend ; c'est dur à digérer, je l'avoue, mais tu dois vivre pourtant et travailler surtout, puisque ta plume qu'ils voudraient briser est pour ainsi dire ton unique ressource ! Toutefois j'ai bon espoir, car tu appartiens à cette race, forte et vaillante, qui jamais ne se désespère et qui ne se laisse ni abattre, ni vendre, ni acheter, *pas même louer !*

Depuis quatre mois tu ne sais plus rien, pourrais-tu m'objecter : rassure-toi, peu de choses importantes se sont passées pendant ta détention, et comme un autre Crillon, point n'est besoin de te pendre !

C'est bien long quatre mois de prison, surtout quand.... mais enfin du courage, mon ami, du courage.

La vie est ainsi faite : c'est un chemin mêlé de pierres, de ronces et d'épines. On dit pourtant qu'il y en a de plus doux, mais toi tu ne les connais pas, ceux-là ; n'importe il faut toujours avoir les regards fixés devant soi et ne pas imiter l'écrevisse dans ses mouvements de recul.

Avanti ! avanti ! en avant, en avant, tel est le cri et la devise de tous les gens de cœur !

Or donc, mon ami dans les premiers jours d'octobre auront lieu les élections au Conseil général, puis d'autres ensuite dans toute la France, j'allais dire dans ce qui nous reste de la France?

Voyons, parle-moi franchement à moi, à moi bien qu'invisible qui suis ton bon génie, que penses-tu de.....

— Je pense.....? (*et fredonnant*).

A ton revers, j'admire une reprise

. . . .

Depuis dix ans je te brosse moi-même,
Mon vieil habit, ne nous séparons pas!

— Jean Diable, n'es-tu donc plus sérieux?

— Si fait, bien que je sois de l'avis de Démocrite, un vieux et spirituel philosophe grec, celui-là, lorsqu'il disait : « Il n'y a souvent de sérieux au monde que ce qui ne le paraît pas.» C'est te faire comprendre ô mon bon génie, que dans la limite du possible, je suis prêt à satisfaire à toutes tes demandes et à répondre à toutes tes questions?

— Eh bien, si tu étais à la place d'un candidat aux élections que ferais-tu ?

— Malgré mes déboires, tu sais que je n'ambitionne et que je ne veux d'autre position que celle d'écrivain libre et indépendant. Je déteste toutes les chaînes fussent-elles dorées !

— Ce n'est pas là répondre à ma question. — Que ferais-tu?

— Ce que je ferais?

— Oui !

— Je me présenterais simplement et sans détour aux suffrages de mes concitoyens. — Pour me servir d'une expression vulgaire mais parfaitement juste, je ne leur promettrais pas plus debeurre que de pain. Ma profession de foi serait courte et par conséquent claire, nette, précise, à portée de toutes les intelligences et avant tout française et patriotique !

Mon drapeau, je l'arborerais hautement et sans peur.

Si j'avais à m'expliquer devant mes concitoyens, je le ferais aussi simplement que possible, mais sans flatter personne et sans me faire prôner par qui que ce soit.

De cette manière chacun comprendrait ce que je devrais faire, et vainqueur ou vaincu j'inspirerais le respect et la confiance.

En un mot je tâcherais de parler à des hommes, à de vrais citoyens, et je n'aurais pas à rougir de la bassesse humaine, je la plaindrais plutôt.

— Qu'entends-tu dire par là ?

— Je veux dire que le spectacle que j'ai devant les yeux me soulève le cœur, car je la vois se mettre en mouvement depuis quelques jours déjà cette honteuse lanterne magique, de tous les sots, de tous les avachis, de tous les traîtres, de tous les hypocrites, de tous les vendus des anciens régimes, de tous les faux-frères, de tous les flagorneurs flagornant, de tous les flatteurs, de toutes les girouettes allant de l'est à l'ouest, du nord au sud, se mentant, se mordant, se parjurant réciproquement et à qui mieux mieux, sans honte et sans vergogne avec une audace et un sans-gêne inqualifiables, et cela presque au lendemain encore de nos désastres !

On rit, on boit, on chante et l'on s'amuse tandis que la France est en deuil.

Pauvre Alsace, pauvre Lorraine, c'est se moquer par trop de vos souffrances.

Avant de trinquer ne serait-il pas plus à propos d'apprendre à tenir un fusil afin de s'en servir quand l'heure solennelle sonnera au cadran de la revanche.

Aussi, mon Dieu, quelle pitié et quel écœurant tableau.

Et l'on ose parler encore de régénérer la patrie quand on l'insulte chaque jour davantage.

Que veux-tu mon pauvre Jean Diable, il y a du vrai beaucoup de vrai dans ce que tu dis, mais un peu de patience, s'il te plaît, et comme dit Panurge : " Or ça, revenons à nos moutons ! "

— Soit.

— Selon toi, qui donc peut-être digne de solliciter et d'accepter un mandat de ses concitoyens ?

— Je voudrais tout d'abord pour l'honneur de la France qu'il n'y eût que les représentants des deux partis qui seuls ont le droit aujourd'hui de marcher le front haut et fier, parce que seuls ils ont droit au respect.

— Et quels sont donc ces deux partis auxquels tu fais présentement allusion?

— Les descendants de la vieille et si glorieuse noblesse française et nos jeunes vaillants et vrais républicains.

— Et tu n'en admettrais pas d'autres?

— Non.

— Pourtant il y en a d'autres et qui ont des sympathies...

— C'est tout simplement déplorable; les autres ne les nommons pas, ces Janus, ces hermaphrodites, ces coupejarrets, ces remanieurs de chartes et ces sinistres faiseurs de coups-d'Etat, mettons-les de suite au panier et qu'il n'en soit plus question. Qu'ils laissent donc enfin au vestiaire leurs oripeaux et leurs défroques, les chiffonniers les prendront en passant. Ils ont assez fait le malheur de la France, ils l'ont assez saignée, pressurée, ruinée, ces usuriers et ces assassins, dignes émules de Tabarin et de Cartouche!

— Tu deviens sévère, Jean Diable.

— Je ne suis que juste, n'ayant jamais fait partie d'aucune domesticité dorée, n'ayant jamais porté la livrée du maître, n'ayant jamais été le salarié ou le stipendié de qui que ce soit, n'ayant jamais été parjure à mes serments j'ai le droit de tout dire surtout quand il s'agit de la vérité et de l'honneur. Aussi je ne crains pas de le répéter; oui, pour la France à présent, c'est assez de mensonges, c'est assez d'hypocrisies, c'est assez d'ignominies, c'est assez de souillures, c'est assez de turpitudes, c'est assez de boue, c'est assez de sang, c'est asssez d'orgies enfin.

— Pourtant...

— Il n'y a pas de pourtant. Tu sais, ô mon bon génie, quelle indépendance de caractère est la mienne. Eh bien, je te le répète, je ne connais de vraiment dignes de respect que les fils de nos anciens preux et ceux de notre immortelle Révolution.

— Mais si parmi les autres il y avait quelques égarés ?

— Parmi les autres, des égarés, en vérité tu n'y songes pas, ô mon bon génie. Il n'y a jamais d'égarés parmi les grecs de profession, les souteneurs de filles, les teneurs de brelan et les écumeurs de bourse ; ces gens-là qui comme semblant de parade et comme noblesse et patriotisme n'ont qu'une misérable estampille de contrebande achetée à grands frais de réclame et de mise en scène, et à laquelle personne ne se méprend toutefois. Ces gens-là, dis-je, ne vivent que de guet-à-pens, de délations et de crimes, car selon la vieille et énergique expression de Tacite :

Ubi solitudinem faciunt, pacem appellant !

Quand ils ont changé les villes en déserts, ils disent qu'ils ont donné la paix.

Ils n'ont pour seuls exploits que les vols, les meurtres et les rapines, mais peu leur importe, leurs poches sont pleines d'or et leurs mains teintes de sang. J'en appelle aux mânes des victimes de tant de casemates et de cachots et des climats meurtriers de Lambessa et de la Guyane. Levez-vous donc de vos tombeaux, débarrassez vous de vos suaires et de vos linceuls, généreux martyrs de la sainte cause de la liberté et de l'honneur ! Vous dont la vie entière ne fut qu'un long combat et qu'une lutte à outrance contre le despotisme et l'ignorance, et dites-moi si Jean Diable a raison?

Vos bourreaux ont de somptueux mausolées et des statues, mais à vous la fosse commune ou le pauvre coin de terre de l'exil!

— Du calme, Jean Diable, du calme, tu sais ce qu'il en coûte parfois pour dire la vérité trop crûment.

— Eh bien, soit du calme, j'en ai et une ample provision. Toutefois laisse-moi, ô mon bon génie, te le dire et te le redire encore, je n'estime et n'admire que la vieille noblesse et la jeune république.

La vieille noblesse eut son temps de gloire, de grandeur et d'héroïsme. Rien au monde ne pourrait en ternir l'éclat, ses chevaliers sur tous les champs de bataille savaient vaincre ou mourir. Pendant des siècles et des siècles ils ont porté haut et toujours glorieux l'étendard de la France, l'oriflamme de Saint-Denis n'a jamais été souillé. Parlerai-je de leurs faits d'armes à ces braves, aux croisades? Non, car ces exploits sont connus de l'univers entier et les musulmans eux-mêmes les chantent encore actuellement en Palestine et en Syrie. J'aime mieux rappeler leur conduite héroïque quand l'Anglais foulait en conquérant le sol de la patrie! Ont-ils jamais désespéré ceux-là, même dans la mauvaise fortune, même après les défaites si sanglantes et si désastreuses de Crécy, de Poitiers et d'Azincourt?

Non, non, jamais, jamais!

Mais aussi voilà comment naquirent et grandirent les du Guesclin, les Dunois, les la Hire, les Xaintraille, les la Trémouille, et plus tard les Bayard, les Condé, les Turenne, les Villars, etc.

Et d'un autre côté, nos fières et invincibles phalanges républicaines, sont-elles moins admirables ?

De :

> Ces habits bleus par la victoire usés,

En parlerais-je aussi ?

> Pieds nus, sans pain, sourds aux lâches alarmes,
> Tous à la gloire allaient du même pas !
> Le Rhin lui seul peut retremper nos armes,
> Dieu, mes enfants, vous garde un beau trépas !...

Les nommerai-je à leur tour :

Les Hoche, les Marceau, les Desaix, les Kellerman, les Kléber, les Ney, les Lannes, les Drouot, les Duroc et tant d'autres encore.

Où trouver, dis-moi, plus de désintéressement et de courage ?

Oui, tous ces héros, chevaliers ou généraux républicains, ont su dans les circonstances les plus difficiles commander à la victoire et sauver la patrie envahie, et non pas la trahir, la déchirer et la vendre.

Ces hommes savaient marcher la tête levée et à visage découvert, et non ramper à la façon des reptiles.

Ils combattaient ! Ils n'assassinaient pas, ils ne volaient pas.

La pauvreté et l'honneur étaient proverbiales chez eux.

La vieille noblesse a des traditions presque inimitables d'héroïsme et un passé sublime.

Son rôle serait-il fini ? Je ne le crois pas et ce n'est pas à souhaiter.

La jeune république, cette sainte et nécessaire aspiration des peuples frères n'est qu'au début de sa carrière, à peine a-t-elle un siècle d'existence, mais elle a fait aussi ses preuves de valeur et d'honnêteté.

Elle continuera, j'en suis sûr, à se montrer digne du rôle généreux, grandiose et civilisateur que lui assigne la Providence dans son éternelle et immuable justice.

Pourquoi donc la vieille noblesse et la jeune république, ces deux sœurs, si braves, si loyales et si chevaleresques, ne se donneraient-elles pas franchement et cordialement la main et ne se réconcilieraient-elles pas dans un baiser de paix, de pardon et d'amour. Leur blason n'est-il pas le même? Ne signifie-t-il pas également abnégation, fidélité et patriotisme? La fierté n'est-elle pas aussi leur plus bel apanage, car il n'y a rien au monde qui ne soit aussi digne d'admiration et de respect que la fierté de soi-même et de ses opinions, car c'est faire injure aux vrais républicains que de leur dénier cette vertu par excellence qui leur fait tant d'honneur.

De cette façon l'avenir seul leur appartiendrait sans partage et sans souillure et de cette fraternelle et indissoluble réconciliation, la France, cette France, notre mère à tous, qu'on ne peut jamais trop aimer surtout à ses jours d'épreuves et de deuil sortirait encore brillante et radieuse, car elle serait à tout jamais débarrassée et guérie :

De cette honte qui l'étreint comme le boulet du forçat,

De toute cette lèpre, de toute cette vilenie avec son luxe insolent, hautain et crapuleux.

De tous ces charlatans, de tous ces saltimbanques, de tous ces histrions de carrefours et de caboulots,

De tous ces pick-pockets, de tous ces Schylocks,

De tous ces vampires, de toutes ces sangsues, de tous ces chancres qui la sucent, la rongent et la consument quand même.

O peuple, souviens toi, car en fin de compte, c'est toujours toi qui paies les frais de la guerre et les pôts cassés, tu devrais t'en lasser.

— C'est peut-être une utopie, mon pauvre Jean Diable, et bien d'autres l'ont eue avant toi.

Et puis...

— Et puis?

— Les uns diront : c'est une monstruosité!

D'autres, une absurdité!

D'autres, une impossibilité!

D'autres, Jean Diable devient donc fou de rêver l'aljiance de la vieille noblesse et de la république! C'est moralement et matériellement impossible!

— Jean Diable républicain des pieds à la tête ou de la tête aux pieds, comme tu voudras, mon bon génie parle comme écrivain et non autrement, te repétant encore qu'il n'est que le serviteur de la bonne cause et non de qui que ce soit. Il ne parlerait pas autrement même à cinq mille lieues de France !

Rapelle toi seulement et pour ma justification, (si jamais Jean Diable en avait besoin) la conversation de M. de Lamartine, lors de son voyage en Orient, avec Lady Esther Stanhope, à propos de la démocratie.... etc.... Ses idées au point de vue humanitaire sont à peu près les miennes. Aussi je te redis encore à propos de ton Peut-être :

— C'est possible, ô mon bon génie, mais fasse Dieu que ce peut-être puisse devenir aussi bientôt une réalité, de là dépend à mon avis, le bonheur, la paix et la grandeur de la France.

Alors, et alors seulement, car ils ne seront plus un mensonge ou une erreur, nous pourrons avec orgueil inscrire et graver sur nos murs et sur les frontispices de nos musées, de nos monuments et de nos colléges, ces mots, ces divins mots :

LIBERTE, EGALITE, FRATERNITÉ

Et alors encore comme dit le poète déjà cité :

Les temps heureux luiront, non pour la seule France,
Mais pour tous ! On verra dans cette délivrance
Funeste au seul passé,
Toute l'humanité chanter, de fleurs couverte ;
Comme un maître qui rentre en sa maison déserte,
Dont on l'avait chassé !

Les tyrans s'éteindront comme des météores,
Et, comme s'il naissait de la nuit deux aurores
Dans le même ciel bleu.
Nous vous verrons sortir de ce gouffre où nous sommes,
Mêlant vos doux rayons, fraternité des hommes,
Paternité de Dieu !

SOUVENIRS DE QUATRE MOIS DE PRISON

PAR

JEAN DIABLE

I.

La Chanson de Jean Diable

AIR :

A volliger vous fatiguez vos ailes
Rien ne'st si beau que votre liberté!

Entre ces murs où tout espoir s'arrête
Pour quatre mois je dois rester ici !
Mais malgré tout je relève la téte
En demandant, sans dire aucun merci ;
« Qu'ai-je donc fait pour tant d'ignominie
« Et pour avoir l'honneur du cabanon ?
« Pour respirer si Dieu donna la vie
« C'est mal à vous de me mettre en prison !

« Oui, répondez, messieurs ......
« Pourquoi pour moi tant de sévérité ?
« J'ai donc, hélas, fait preuve de malice
« Pour me priver ainsi de liberté ! *(bis)*

« Voudriez-vous courbant sous l'infâmie
« A ses genoux que j'implore un pardon…?
« Pour respirer si Dieu donna la vie,
« C'est mal à vous de me mettre en prison !

« Mais comme vous je suis fils de la France
« Et malgré tous les cachots, les barreaux,
« Bientôt viendra le jour de délivrance,
« Alors adieu, adieu à mes ……..
« Je vengerai la vérité trahie,
« Sans m'occuper si ça plait oui ou non !
« Pour respirer si Dieu donna la vie.
« C'est mal à vous de me mettre en prison !

— « Mais quel est donc cet homme à cœur de pierre
« Qui parle ainsi sans gêne et sans façon !
— C'est moi, Jean Diable à l'âme hautaine et fière.
Qui ris, messieurs, de ma détention !
A la chanter certes tout me convie,
C'est là ma gloire et ma distraction !
Pour respirer si Dieu donna la vie
C'est mal à vous de me mettre en prison !

Vous avez beau vouloir briser ma lyre,
Non, non, jamais vous n'y réussirez !
Je ne sais rien que chanter et sourire
Depuis longtemps, oui, tous vous le savez !
Humble soldat de la démocratie,
Le peuple m'aime et redit ma chanson !
Pour respirer, si Dieu donna la vie
C'est mal à vous de me mettre en prison !

II.

A propos de mes quatre mille francs d'amende
et de dommages-Intérêts.

—

Eh bien ! Messieurs, vous qui craignez tant la satire
Croyez-vous pour cela, m'empêcher de vous dire
Comme par le passé ce qui me tient au cœur !
Vous ne m'inspirerez jamais aucune peur !
Car avec vous toujours j'aurai mon franc langage,
Et je veux le parler en tous temps, à tout âge.
Si je naquis ainsi, est-ce ma faute à moi !
Non, vous ne changerez ni mon cœur, ni ma foi !
Vous pourrez me punir mais non briser mon âme !
Mon esprit s'alimente au feu de cette flamme
Ardente et généreuse et ferme au moins autant
Que je reçus du Ciel et du Dieu tout puissant !

J'estime un homme fier et je hais le parjure !
Je sais ce que je vaux et quelle est ma nature !
Vous avez beau, messieurs, chercher à me noircir,
Vous ne me verrez pas ni courber, ni fléchir !
Vous pouvez employer la ruse et l'artifice,
Le monde, malgré vous, oui, me rendra justice !
Car dans tous mes écrits et j'en fais le serment,
Chaque mot sera vrai et demain comme avant !
Si j'ai quelques défauts, je sais les reconnaître,
Heureux de n'être pas ni Tartuffe, ni traître !
S'il m'arrive parfois de faillir ou d'errer,
Je sais gré à celui qui sait me redresser !
Mes yeux sont un miroir où tous vous pouvez lire !
Or, écoutez encore ce qu'il me reste à dire !
J'aurai bientôt fini et votre attention
Ne saurait m'en vouloir d'en user à foison !

Je sais depuis longtemps pourquoi de vous déplaire
J'ai l'honneur périlleux ! Toute votre colère,
Bien loin de m'effrayer et m'amuse et me plaît !
A des gens comme vous il faudrait un valet
Complaisant et facile et faisant la courbette

Et sous chaque regard sachant baisser la tête !
Hélas ! je ne suis pas de ce calibre-là,
C'est malheureux vraiment, je conviens de cela !
Si j'étais autrement, ah ! j'aurais votre estime !
Je serais presqu'un saint lavé de tout son crime !
C'est fâcheux, bien fâcheux, mais pour être m......d
Il n'y faut pas songer, messieurs, il est trop tard !
Ce serait perdre en vain votre temps et vos peines !
J'ai toujours détesté la livrée et les chaînes !
En agissant ainsi c'est vouloir parcourir
Un chemin rude et dur ! mais dussé-je en mourir,
Je ne changerai pas ! La fortune inclémente
Peut-être finira par se faire indulgente !
Peut-être même aussi quelque Dieu protecteur
Saura récompenser mon pénible labeur !
Mes livres bien aimés, et toi ma pauvre plume,
Contre nous, je le sais, tout un volcan s'allume !
Tenons bon, tenons bon ! vous êtes mon soutien,
Vous êtes mes amours et mon seul gagne pain !
Je suis pour ainsi dire au début de la vie
Et déjà contre moi la noire et basse envie
Avec rage s'acharne ! eh bien ! luttons toujours
Sans nous décourager ! que mes nuits et mes jours
Se passent ici bas à défendre quand même
La sainte vérité ! oui, je m'offre moi-même
Joyeux en holocauste, et si jamais je meurs,
Ah ! du moins ce sera sans regret et sans pleurs,

Car d'autres, après moi, reprendront la charrue !
Non, tu ne peux rester plus longtemps méconnue,
Divine liberté, doux espoir des humains,
Don que Dieu répandit sur nous à pleines mains,
Feu sacré qui ne peut ni pâlir, ni s'éteindre,
Et que chacun ne doit ni redouter, ni craindre !
Ainsi que tu brillas jadis pour nos aïeux,
Ainsi tu brilleras pour nos futurs neveux,
Et répandant partout le bonheur et la vie,
Tu règneras enfin sous le nom d'harmonie !
Et les peuples cessant de se croire ennemis
En chassant leurs tyrans redeviendront amis !
Ainsi que Béranger, oui j'en ai l'espérance
Les peuples en formant une sainte alliance
Demeureront unis en se donnant la main !
Que ce rêve, ô mon Dieu, s'accomplisse demain,

Ou plutôt, dès ce jour !
                    Oh ! fais-le pour la France,
Fais-le pour l'Univers, divine Providence.
C'est là, mon dernier mot et mon suprême vœu ;
A genoux, je t'en prie, exauce-moi, mon Dieu !

JEAN DIABLE.

A MA MÈRE ET A LA FRANCE

Pendant ces quatre mois d'indicible espérance
    Je n'ai pensé qu'à vous
O mère bien aimée, et toi ma noble France,
    Dont le nom est si doux !

Seul votre souvenir a soulagé mon âme
    Et ranimé mon cœur !
Conservez-moi toujours l'ardente et pure flamme
    Qui donne le bonheur !

Que mon amour pour vous réponde à la tendresse
    Que vous me prodiguez !
Et daignez consoler parfois dans leur détresse
    Mes esprits fatigués !

Que partout et toujours votre main tutélaire
    Conduise tous mes pas
Sans faiblesse et sans peur ! Dans mon humble carrière
    Ne m'abandonnez pas !

Que vos noms bienfaisants, sans cesse à ma pensée
    Apparaissent brillants !
C'est là de votre fils l'attente désirée
    Et les souhaits constants !

Soyez mon seul drapeau et ma meilleure égide
    Pour combattre et lutter !
Si vous m'accompagnez et me servez de guide
    Je saurai triompher !

Et lorsque tout pour moi sera fini sur terre
    Après le bon combat,
Je dormirai joyeux, ô ma France, ô ma mère,
    Comme un vaillant soldat,

Qui se repose en paix dans le sein de la gloire,
    A l'ombre des lauriers,
Bercé par l'hosanna et le chant de victoire
    Des anciens chevaliers !

A présent, je t'attends sans murmure et sans plainte,
    Avec tranquillité,
Providence infinie, aimable et trois fois sainte,
    O douce liberté !

JEAN DIABLE.

4 Août 1874.

POUR PARAITRE INCESSAMMENT

1^{ENT}   LA COMMUNE DE MALENFOIRE.

Où l'on verra,

Entre autres personnages.

1° **Mlle Kocuiska du Couennic,** 1re forte, chanteuse!

2° **Mlle Grouillenbec,** pinceuse de guitare, prix d'honneur!

3° **M. Ratapoil de Haut-Perché!** etc.

2^{ENT} SOUVENIRS D'UN VOYAGE A TOMBOUCTOU ET A SAKATON

Où l'on verra également,

Entre autres personnages.

1° **Mohammed ben Salé!**

2° **Poiljaune ben Adadah!**

3° **Omar ben Goulapiah,** cadi de la Tribu des Ouled Goulapiahs! etc.

3^{ENT} SOUVENIRS DE QUATRE MOIS DE PRISON

Le tout par Jean Diable.

Paris. — Imp. L. Hugonis, 19, pass. Verdeau.